LE
CATÉCHISME

DU « FACTIEUX »

SELON LA FORMULE RICARD-MARCÈRE

Par A. PONET.

15 centimes.

LYON

A LA BIBLIOTHÈQUE CONSERVATRICE
Rue Grenette, 37.

LE CATÉCHISME

DU « FACTIEUX »

SELON LA FORMULE RICARD - MARCÈRE

Les orateurs républicains de cabarets et de guinguettes, dans les villes et dans les villages, usent et abusent aujourd'hui, dans leurs boniments électoraux ou autres, de l'adjectif *définitif* et de l'adverbe *définitivement*.

D'après eux, nous sommes *définitivement* sous le régime républicain, et la République proclamée le 25 février 1875, à UNE VOIX de majorité, est un gouvernement absolument *définitif*.

On pourra, suivant ces orateurs, modifier la Constitution, mais ce ne pourra être que pour la rendre plus républicaine encore qu'elle ne l'est, en supprimant le Sénat, par exemple, et en déclarant le chef du pouvoir exécutif révocable à volonté par la Convention nationale. Quant à la monarchie, qu'elle s'appelle Empire, Légitimité ou Branche cadette, elle est à jamais bannie, de par la loi constitutionnelle. Légitimistes, impérialistes et orléanistes doivent faire.... *définitivement* leur deuil de toute espérance de restauration de leur régime préféré.

Ces espérances, du reste, sont des « espérances désormais *factieuses* ». Un ministre autorisé, M. Amable Ricard, l'a dit dans une circulaire restée célèbre, et son successeur, M. Deshays de Marcère, l'a soutenu en plein Sénat.

Au besoin, pour achever de vous convaincre, ces docteurs en droit canon républicain vous citeront les textes de la circulaire Ricard et du discours Marcère. Ils ont constamment, dans ce but, leurs poches bourrées de *Petite République française* ou de *Peuple souverain*.

Ils vous citeront aussi le discours du député Bel disant, tout récemment, au Conseil général de la Savoie :

« L'établissement de la République comme gouvernement *définitif* de la France.... etc.... »

Ils vous citeront ce passage du discours du député radical Boysset au Conseil général de Saône-et-Loire, dans la session d'août 1876 :

« Je ne vous dirai pas ce que des « *factieux* » essayaient de faire, hier encore, contre la France républicaine et *quelles espérances irréalisables* les partis vaincus semblent nourrir, en dépit des manifestations du suffrage universel.... »

Et ces orateurs de cabarets et de guinguettes concluent :

Donc, vous le voyez, ouvriers, boutiquiers, cultivateurs restés monarchistes, vous êtes des factieux, des séditieux, des conspirateurs quand seulement la pensée vous vient de relever en France un trône au profit d'un Napoléon, d'un Bourbon ou d'un d'Orléans. A plus forte raison êtes-vous des factieux, des séditieux, des conspirateurs quand vous osez déposer dans l'urne un bulletin qui n'est pas celui du candidat républicain, et tenez pour certain que, si votre bulletin vient à être reconnu au dépouillement du scrutin, vous serez recherché, poursuivi et puni avec toute la rigueur des lois. Mais vous êtes surtout au suprême degré des factieux, des séditieux, des conspirateurs quand vous osez vous proclamer candidat révisionniste aux Conseils municipal, général ou d'arrondissement, à la Chambre des députés ou au Sénat.

Tel est thème sur lequel brodent à qui mieux mieux tous ces orateurs républicains de guinguettes et de cabarets.

Et ils menacent, et ils font appel aux rigueurs de ceux qui ont mission de défendre le droit légal, et ils réclament à l'unisson des mesures répressives contre les candidats et les électeurs qui s'avisent d'invoquer publiquement le droit total de révision.

Et de telles manœuvres réussissent souvent, car la plupart des ouvriers, des boutiquiers, des cultivateurs surtout, n'ont pas, comme ces Gambetta et ces Naquet de banlieue ou de village, le temps d'extraire des journaux à un sou la quintessence, en phrases toutes faites, de telles ou telles doctrines politiques : les prédicateurs républicains ou radicaux ont ainsi toujours le dernier mot et arrivent facilement à en imposer à leur auditoire.

L'effet de ces prédications s'est fait sentir surtout dans les dernières élections pour les Conseils généraux et d'arrondissement et même pour les dernières élections législatives. La liberté dans les esprits et, par suite, dans les votes y a été ainsi paralysée plus qu'on ne croit, et la plupart des candidats républicains ont pu passer ou ont failli passer grâce à ces hâbleries de mauvaise foi et à ces procédés d'intimidation.

Le système — il faut en être sûr — se généralisera, par le fait, surtout, de la discipline du parti républicain, dans les rangs duquel un mot d'ordre peut circuler en un instant d'un bout de la France à l'autre, et, si l'on n'y prend garde, on verra de plus en plus les effets de ce système dans les scrutins à venir.

C'est pour combattre ces procédés républicains, c'est pour empêcher, dans la mesure de ce qui m'est possible, qu'on n'en vienne à faire échouer ou à étouffer sous les menaces les candidatures révisionnistes — qui, après tout, sont des candidatures essentiellement constitutionnelles — que j'ai écrit cette brochure.

Elle n'a d'autre prétention que de rapprocher des textes les commentaires de l'article 8 de la Constitution et de rendre claire et indiscutable la signification dudit article.

A ces divers titres, je crois, cet opuscule pourra ne pas être inutile. Il aidera, dans l'atelier, dans la boutique, dans la ferme, dans le cabaret même, à dévoiler les mensonges des orateurs d'estaminets et des nombreux agents que les comités républicains entretiennent de tous côtés.

Il pourra montrer à la grande masse électorale qu'elle peut, sans être ni factieuse, ni séditieuse, ni révolutionnaire, voter pour tel candidat légitimiste, impérialiste ou orléaniste au Conseil municipal, au Conseil d'arrondissement, au Conseil général, à la Chambre des députés ou au Sénat.

Enfin il pourra apprendre à l'électeur et même au candidat des petites assemblées

— qui n'est pas toujours versé dans les thèses politiques — qu'on peut, sans violer la loi ni la Constitution, consacrer, dès à présent, ses efforts et ses soins au rétablissement, dans les délais légaux, d'une monarchie quelconque à la place de la République.

S'il nuit en quelque façon à la propagation de l'idée républicaine au profit de l'idée monarchique, cet opuscule aura atteint le but que se propose son auteur.

HISTOIRE DE L'ARTICLE 8

L'article 8 de la loi constitutionnelle du 25 février 1875, sur l'organisation des pouvoirs publics, est ainsi conçu :

« Les Chambres auront le droit, par délibérations séparées prises chacune à la majorité absolue des voix, soit spontanément, soit sur la demande du président de la République, de déclarer qu'il y a lieu de réviser les lois constitutionnelles.

« Après que chacune des deux Chambres aura pris cette résolution, elles se réuniront en Assemblée nationale pour procéder à la révision.

« Les délibérations portant révision des lois constitutionnelles, EN TOUT *ou en partie,* doivent être prises à la majorité absolue des membres composant l'Assemblée nationale.

« Toutefois, pendant la durée des pouvoirs conférés, par la loi du 20 novembre 1873, à M. le maréchal de Mac-Mahon, cette révision ne peut avoir lieu que sur la proposition du président de la République. »

Ce texte est net, clair, formel. La Constitution peut être révisée « EN TOUT *ou en partie.* » Les uns voudront la révision partielle, c'est-à-dire ce qu'ils appellent « l'amélioration, » chacun selon ses vues. D'autres voudront la révision totale, c'est-à-dire le changement complet, le remplacement.

L'heure n'est pas venue de faire ce choix, mais le principe est établi en termes précis.

Pour plus de précision et de clarté encore, reportons-nous, du reste, aux débats parlementaires du mois de février 1875. Nous y verrons qu'il n'y a pas d'équivoque possible et que l'Assemblée nationale, lorsqu'elle rédigea l'article 8, voulut expressément admettre qu'il serait possible de remplacer totalement la Constitution républicaine par celle d'un autre régime.

A la séance du 3 février 1875, le débat s'engagea sur la signification même de ces mots du projet : « EN TOUT *ou en partie,* » et voici ce qui fut dit :

M. Paul Cottin. Messieurs, je voudrais éclairer mon vote et, certainement, aussi le vote de quelques autres de mes collègues, en faisant à la Commission une question à laquelle elle voudra bien répondre.

Je voudrais savoir si, par « droit de révision » la Commission entend, pour les assemblées dont il s'agit, le droit, éminemment révolutionnaire, de changer à un moment donné la forme même du gouvernement.

Plusieurs membres. Évidemment, oui !

M. Gaslonde. Il y a dans l'article ces mots : « des lois constitutionnelles EN TOUT *ou en partie.* »

M. Paul Cottin. Je déclare que, si la Commission entend ainsi le droit de révision, je ne voterai pas cet article.

M. Paris, *rapporteur*. Messieurs, le texte que nous venons de vous proposer répondra suffisamment à la question posée à la tribune. Mais, puisque l'on désire une déclaration plus complète, plus catégorique, nous ajouterons, au nom de la Commission, à la rédaction, qui nous paraissait très-claire, qu'en disant : « Il pourra être procédé en totalité ou en partie à la révision de la Constitution, » nous entendons formellement que toutes les lois constitutionnelles, *dans leur ensemble,* pourront être modifiées, que la FORME MÈME DU GOUVERNEMENT POURRA ÈTRE L'OBJET D'UNE RÉVISION. Il ne peut, il ne doit y avoir à cet égard aucune équivoque. (Très-bien ! très-bien ! sur plusieurs bancs.)

Personne ne protesta, personne n'essaya d'apporter la moindre restriction au sens général et absolu de la révision, et c'est sur cette explication que l'article 8 fut voté.

A la séance du 24 février 1875, lorsque la loi fut soumise à une troisième et dernière discussion, M. Paul Cottin proposa un amendement qui consistait à supprimer dans l'article 8 les mots « EN TOUT *ou en partie.* »

Cette fois, voilà la question formellement posée. On va voir ce qui se passa. Je copie le *Journal officiel :*

M. le président. L'amendement de M. Paul Cottin consiste à supprimer dans le 3ᵉ paragraphe de l'article les mots : EN TOUT *ou en partie.* » M. Paul Cottin a la parole. (Exclamations à gauche.)

On a décidé que la discussion continuait. Veuillez, Messieurs, écouter les explications qui sont apportées à la tribune.

M. Paul Cottin. Je vais retirer mon amendement; mais encore faut-il que j'explique pourquoi (interruptions diverses). Messieurs, mon amendement n'est pas encore retiré. (Bruit.)

M. le président. Permettez, Messieurs, l'amendement n'est pas encore retiré et peut-être le résultat de ces clameurs serait-il son maintien. Par conséquent, je vous engage à écouter.

M. Paul Cottin. Ce sera beaucoup plus tôt fait.

Le droit de révision est une application particulière du principe général de la souveraineté nationale. Mon amendement est la négation de cette conséquence et, par suite, de son prétendu principe. Mais, en face du parti pris, irrévocable, *de la majorité de cette Assemblée* EN FAVEUR DU DROIT DE RÉVISION,... je retire mon amendement.

Et ce fut tout! Il ne s'éleva aucune autre protestation contre les mots « EN TOUT *ou en partie,* » et la seule qui fut tentée par M. Cottin fut étouffée par les protestations de la Chambre.

En résumé, la procédure pour la révision fut la clef de voûte de l'édifice constitutionnel :

La loi sur l'organisation des pouvoirs publics, fort courte, fort mal agencée — car elle fut le produit d'amendements délibérés et votés sur le pouce, — établissait la République avec deux Chambres, nommant tous les sept ans un chef du pouvoir exécutif. Sa rédaction, trop entière, repoussait les troupes de bonne volonté qui s'apprêtaient à passer de la gauche et du centre droit au centre gauche, du moment où on leur en fournirait l'occasion et le motif. C'est alors qu'on adopta la révision et qu'on en fit un point de ralliement pour les royalistes que le mot de République effrayait encore et pour les radicaux qui ne voulaient pas entendre parler d'un chef du pouvoir exécutif.

En réalité, on ne vota pas la Constitution : on vota la Révision.

En définitive, ce que les auteurs de la Constitution du 25 février ont voulu, c'est le droit de réviser, EN TOUT *ou en partie,* cette Constitution, c'est-à-dire de la modifier ou de la REMPLACER.

Au reste, les paroles des chefs des différents partis qui représentent l'opinion en France, celles des ministres, celles du président de la République lui-même viennent à l'appui de cette assertion.

Citons, par ordre chronologique, ces divers commentaires de la Constitution :

COMMENTAIRE DE M. DE KERDREL,

SÉNATEUR, UN DES CHEFS DU PARTI LÉGITIMISTE.

Le 8 juillet 1875, pendant la discussion de la loi sur le Sénat, M. de Kerdrel rappelait que les monarchistes s'étaient partagés sur le vote de la loi constitutionnelle, et il indiquait ainsi les deux idées différentes des deux groupes :

« Fermement convaincus que la monarchie héréditaire et constitutionnelle est le gouvernement qui convient le mieux aux intérêts du pays, à ses traditions, à ses mœurs, et qui peut le mieux assurer sa sécurité au dedans et au dehors, nous n'avons pas cru pouvoir adhérer au principe du gouvernement républicain.

« D'autres, monarchistes aussi, ont pensé qu'*en soumettant la République à un droit* ABSOLU *de révision* ils pouvaient la voter comme une nécessité qui s'imposait à eux.

OPINION DE M. GAMBETTA,

UN DES CHEFS DU PARTI RÉPUBLICAIN.

« Mais, me dit-on, votre Constitution est révisable ? — RÉVISABLE ! JE LE CROIS BIEN ! ET JE NE L'AURAIS PAS VOTÉE SANS CELA ! »

(*Discours de Ménilmontant,* au mois d'août 1875.)

OPINION DE M. WADINGTON,

AUJOURD'HUI MINISTRE DE L'INSTRUCTION PUBLIQUE.

« Le parti impérialiste subit la Constitution, mais ne l'accepte pas. Lié par la loi, il est forcé d'attendre le moment où la FACULTÉ DE RÉ-VISION sera ouverte, *pour chercher à la renverser et rétablir en France une dynastie déchue.* CE SERA ALORS SON DROIT, et il a proclamé par tous ses organes qu'il en usera énergiquement. »

(Discours prononcé au banquet offert par M. de Crisenoy, préfet de l'Aisne, aux membres du Conseil général. — Août 1875.)

OPINION DE M. LE MARQUIS DE CASTELLANE,

DÉPUTÉ, UN DES CHEFS DU PARTI ORLÉANISTE.

« Nous assisterons, en témoins inquiets, incré-dules peut-être, mais en témoins respectueux de la loi, à l'*expérience* nouvelle qui se poursuit, et, tant que la France n'aura pas à en souffrir, nous serons les soutiens du gouvernement.

« Si la République restait dépaysée en Europe, alors nous n'aurions pas besoin de la battre en brèche : l'opinion publique, c'est-à-dire vous tous, serait plus prompte que nous-mêmes à nous de-mander de REVENIR A CETTE CLAUSE DE RÉVISION *que le législateur a si prudem-ment introduite dans la Constitution nouvelle.* »

(Discours prononcé au concours régional de Salers, au mois de septembre 1875.)

OPINION DE M. ALFRED NAQUET,

DÉPUTÉ DE L'EXTRÊME GAUCHE INTRANSIGEANTE.

« NOUS VOULONS DEMANDER, au moment voulu, LA RÉVISION DE LA CONSTITUTION,

*afin que la République soit gouvernée par une
Assemblée unique, élue pour un temps très-court
et révoquant à son gré le chef du pouvoir exécutif.* »

(Discours qui devait être prononcé dans une
réunion à Marseille, mais qu'on dut se borner à
publier dans les journaux, la réunion ayant été in-
terdite par l'autorité militaire. — Septembre 1875.)

OPINION DE M. MADIER DE MONTJAU,

DÉPUTÉ, CHEF DE L'EXTRÊME GAUCHE INTRANSIGEANTE.

« Et nos amis eux-mêmes, qu'écrivent-ils, que
disent-ils chaque jour ? — Que la Constitution
du 25 février ne répond pas plus à leurs vœux
qu'aux nôtres; qu'ils trouvent l'œuvre à laquelle
ils ont contribué, avec une douleur sincère, dé-
plorable; que dans leur pensée *elle est à repren-
dre de la base au sommet, et que* POUR CELA
ILS COMPTENT SUR LA RÉVISION ? »

(Discours prononcé dans une réunion à Romans
(Drôme). — Septembre 1875.)

COMMENTAIRE DE M. EUGÈNE ROUHER,

DÉPUTÉ, UN DES CHEFS DU PARTI IMPÉRIALISTE.

« Quelle est la substance du contrat intervenu
entre les coalisés qui ont fait la Constitution du
25 février ?

« Les républicains ont dit : Donnez-nous la
proclamation légale de la République, dont nous
n'avons eu jusqu'à ce jour que le nom, accepté
par une sorte de tolérance.

« Les autres ont répondu : Accordez-nous une
Chambre haute. Et cette Chambre haute, ils ont
proposé de la faire nommer, partie par un acte
testamentaire émanant d'une Assemblée mou-
rante, partie par le suffrage restreint. Ceux que le

suffrage universel menaçait d'exhérédation espé-
raient trouver là un refuge ; les habiles comp-
taient faire du Sénat une forteresse dont ils
dirigeraient la garnison, toujours prête à faire
une sortie dans un moment opportun.

« Voilà le contrat : la proclamation légale de
la République ; la Constitution d'une Chambre
haute.

. . . .

« Mais enfin ces sacrifices réciproques étaient-
ils des concessions permanentes et définitives ?
Chacun faisait-il l'abandon irrévocable de ses convictions ou de ses espérances ? — Non, certes !

« Les républicains, dans leur pensée, n'accor-
daient à la Chambre haute qu'une existence éphé-
mère. Les monarchistes ne consentaient à la
forme républicaine que pour un temps. Cette
transaction, qu'était-elle donc ? — Un simple
régime *expérimental*.

« Et c'est à l'unanimité que, comme garantie
les uns des autres, les coalisés ont voté le DROIT
DE RÉVISION. Je ne crains pas de le dire, si
ce droit n'avait pas été ABSOLU, INTÉGRAL,
s'il n'était pas devenu l'essence même de la
législation nouvelle, celle-ci n'aurait obtenu
qu'une infime minorité.

« Ce droit de révision, il a été si cher à tous
qu'il 'accompagne pour ainsi dire l'expérience
dans son cours et que, redoutant les déraillements
et les périls, on a voulu investir le maréchal de
Mac-Mahon de la faculté quotidienne d'en provoquer l'application.

« Et les prévisions ont été à ce point soucieuses
que l'exercice du droit de révision devient immé-
diat au profit des pouvoirs publics le jour où un
cruel événement briserait le mandat confié au
maréchal.

« Eh bien ! soit ! Est-ce que toutes ces choses
doivent avoir le don de nous inquiéter ?

« Qu'importe tout cela au parti impérialiste ?
« Le parti impérialiste, lui aussi, peut mettre
le pied, non en dehors, mais en dedans de la
Constitution et y abriter ses espérances. LE
DROIT DE RÉVISION *lui ouvre un champ non*

moins vaste qu'à tous les autres.... Que nos rangs grossissent, et, le jour où il faudra CLORE ENFIN L'EXPÉRIENCE PAR LA RÉVISION LÉGALE, nous verrons ce que la France, libre et maîtresse de son sort, voudra faire d'elle-même.

« Pour moi, tous les sentiments qui m'animent, tout ce que j'ai d'études et de réflexions me crie que *jamais la nation n'acceptera la République comme gouvernement définitif.* »

(Discours prononcé à Ajaccio, le 16 octobre 1875.)

OPINION DE M. ALBERT GRÉVY,

DÉPUTÉ, PRÉSIDENT DE LA RÉUNION DE LA GAUCHE RÉPUBLICAINE.

« Aussi bien, Messieurs, vous avez tous le sentiment des difficultés de l'heure présente et des embarras qui résultent fatalement d'une situation heureusement PROVISOIRE.

« *En attendant le jour*, désormais facile à préciser, *où la République sera* DÉFINITIVEMENT *en possession d'elle-même et d'elle seule*, bien des sacrifices s'imposeront à nous comme une nécessité. »

(Discours à la réunion de la Gauche républicaine.
— Juin 1876.)

Pour être un peu plus nébuleuse que la plupart des autres, la déclaration de M. Albert Grévy n'en est pas moins très-catégorique : pour lui la République proclamée le 25 février 1875 n'est qu'une République PROVISOIRE, et il compte sur la RÉVISION pour en faire une République définitive.

INCIDENT
De la Loi sur la Presse.

En novembre 1875, le gouvernement jugea à propos de présenter à l'Assemblée nationale un nouveau projet de loi sur la presse.

L'exposé des motifs de ce projet de loi, rédigé par M. Dufaure, ministre de la justice, contenait le paragraphe suivant :

Nous vous demandons de confirmer, par une disposition expresse, l'article 1er du décret du 11 août 1848, qui punit d'un emprisonnement de trois mois à cinq ans et d'une amende de 300 francs à 6,000 francs toute attaque, soit contre les droits et l'autorité des Assemblées législatives, soit contre les droits et l'autorité du gouvernement établi par les lois constitutionnelles. Cette disposition ne s'applique pas seulement à ceux qui attaqueraient directement nos institutions, mais encore à tous ceux qui essaieraient D'EN PROVOQUER LE CHANGEMENT PAR DES MOYENS AUTRES QUE CEUX PRÉVUS PAR LA LOI ELLE-MÊME.

Quelques jours après, le 22 novembre, M. Buffet, ministre de l'intérieur, et M. Dufaure, ministre de la justice, vinrent expliquer le projet de loi sur la presse à la Commission parlementaire nommée pour l'étudier.

La discussion s'engagea d'abord sur l'article 1er du projet de loi, ainsi conçu :

ART. 1er. — Toute attaque, par l'un des moyens

énoncés en l'art. 1er du décret du 17 mai 1819 (1), soit contre les droits et l'autorité des Assemblées législatives, soit contre les droits et l'autorité du gouvernement établi par les lois constitutionnelles, sera punie des peines édictées par l'art. 1er du décret du 11 août 1848.

Voici les passages les plus caractéristiques de cette discussion :

M. DUFAURE, *garde des sceaux*. Il nous a paru que les mots : *gouvernement établi par les lois constitutionnelles* disaient tout ce qu'il y a à dire.

M. BUFFET. Je crois que les termes répondent à toutes les nécessités sans les dépasser. La loi peut avoir une existence assez longue : IL FAUT QU'ELLE RÉPONDE A L'ÉPOQUE OU S'OUVRIRA LA PÉRIODE DE RÉVISION.

IL DEVRA ÈTRE PERMIS DE DISCUTER LES QUESTIONS DE FORME DU GOUVERNEMENT, mais non d'attaquer les institutions établies, c'est-à-dire les droits et l'autorité qui résultent, pour l'Assemblée et le gouvernement, des lois constitutionnelles.

Nous n'avons pas VOULU INTERDIRE L'EXERCICE D'UN DROIT QUI A L'ÉPOQUE DE LA RÉVISION DEVIENDRA LÉGITIME. Les termes dont nous nous sommes servis nous paraissent ètre ceux qui répondront le mieux à cette pensée.

Nous voulons protéger tout ce qui est dans les lois constitutionnelles : RIEN DE PLUS, RIEN DE MOINS.

Rien de moins, c'est-à-dire que le projet de loi entend protéger, comme tous les autres,

---

(1) Discours, cris ou menaces proférés dans des lieux ou réunions publics, écrits, imprimés, dessins, gravures, peintures ou emblèmes vendus ou distribués, mis en vente ou exposés dans des lieux ou réunions publics, placards et affiches exposés aux regards du public.

l'article 8 de la Constitution, qui prévoit la *révision* TOTALE ou partielle de cette Constitution et implique, par suite, la faculté de se préparer à cette révision par la propagande et par le vote.

Vint la discussion du projet de loi.

L'article 1er ci-dessus reproduit fut voté après un changement insignifiant dans les termes. Cet article (voir page 15) prévoyait les délits commis contre le « gouvernement établi par les lois constitutionnelles. » M. Bertauld réclama l'introduction dans le texte du mot « République. »

On ne pouvait refuser à M. Bertauld cette satisfaction, du genre inoffensif. Aussi personne ne la lui contesta, et on remplaça dans le texte les mots : « gouvernement établi par les lois constitutionnelles, » par ceux-ci : « gouvernement *de la République tel qu'il est* établi par les lois constitutionnelles. »

Deux jours après, l'ensemble du projet de loi sur la presse fut voté.

Le 7 janvier 1876, M. le garde des sceaux Dufaure adressa aux procureurs généraux une circulaire interprétative de la nouvelle loi sur la presse.

De cette circulaire j'extrais le passage suivant :

« Il reste permis à chacun de signaler avec modération et bonne foi les imperfections qu'il croit reconnaître dans la Constitution du 25 février 1875, d'en réclamer l'*amélioration* ou même le CHANGEMENT dans le temps et par les moyens déterminés par cette Constitution elle-même. »

« L'*amélioration* ou même le CHANGEMENT ! » Il y a bien là deux choses distinctes, et dans la pensée de l'honorable garde des sceaux il n'y a pas plus de doute, pas plus d'équivoque que dans la pensée des législateurs.

Le maréchal-président lui-même, dans son manifeste du 13 janvier, s'expliquait à ce sujet dans les termes suivants :

« Nous devrons appliquer ensemble, avec sincérité, les lois constitutionnelles, dont j'ai seul le droit, jusqu'en 1880, de *provoquer la* RÉVISION. Après tant d'agitations, de déchirements et de malheurs, le repos est nécessaire à notre pays, et je pense que nos institutions ne doivent pas être RÉVISÉES avant d'avoir été loyalement pratiquées. »

Les termes dont se sert le maréchal-président en ce qui concerne la révision ne comportent, comme on le voit, aucune restriction.

INCIDENT

De la circulaire Ricard.

Le texte de l'article 8 de la Constitution du 25 février, je l'ai déjà dit, est tellement net, il est si clair, si formel, qu'il semble impossible qu'on puisse engager le moindre débat sur son interprétation.

Par le fait nous venons de voir les différents chefs de parti, les ministres et le maréchal-président lui-même unanimes à reconnaître dans cet article 8 la faculté de modifier la Constitution, soit pour l'améliorer, soit pour changer d'une façon absolue la forme du gouvernement.

Cependant, un ministre de l'intérieur, aujourd'hui décédé, M. Ricard, s'avisa un jour d'interpréter ce texte de la manière la plus étroite et la plus exclusive. Dans une circulaire qu'il adressait, le 6 mai 1876, aux préfets ses subordonnés, on pouvait lire le passage suivant :

Il est nécessaire *de ruiner dans l'esprit des partis des espérances désormais* FACTIEUSES.

Au moment où cette circulaire fut publiée dans les journaux, la Chambre des députés et le Sénat revenaient de vacances. M. le marquis de Franclieu, sénateur, voulut tout aussitôt porter la question à la tribune, mais l'auteur de la circulaire, M. Ricard, mourut subitement et fut remplacé au ministère de l'intérieur par M. de Marcère.

Il en résulta un retard dans les explications que l'honorable M. de Franclieu crut devoir demander au gouvernement ; ce ne fut qu'à la séance du 19 mai 1876 que la question fut posée, et elle ne fut résolue que dans celle du 24 mai.

J'extrais du compte-rendu sténographique officiel les passages les plus caractéristiques de ces deux séances du Sénat :

SÉANCE DU VENDREDI 19 MAI 1876.

QUESTION.

M. LE MARQUIS DE FRANCLIEU. Hier, M. le garde des sceaux m'a fait l'honneur de m'écrire que, pour ne pas me retarder davantage, il me priait de m'adresser à M. le ministre de l'intérieur actuel. Je me suis empressé de me rendre à ce désir.

Voici, dans la circulaire de M. le ministre de l'intérieur, le passage qui m'a blessé :

« Depuis quelques années les hommes préposés
« à la conduite des affaires du pays ont pu croire
« que, le régime politique n'étant pas fixé, ils
« pourraient, sans manquer à leurs devoirs,
« conserver ouvertement leurs opinions person-
« nelles et en préparer le succès. De là des
« équivoques et des contradictions qui ont dé-
« routé et blessé le sentiment public. Il est donc
« nécessaire de faire cesser des doutes injurieux
« pour le gouvernement, de faire tomber des
« défiances que le passé peut justifier et DE
« RUINER DANS L'ESPRIT DES PARTIS DES ESPÉ-
« RANCES DÉSORMAIS FACTIEUSES.

Voici maintenant quelques lignes de la lettre que j'ai adressée à M. le garde des sceaux et qui résument en peu de mots la question que je soumets à M. le ministre de l'intérieur :

« Des instructions comme celles que je viens
« de relever dans la circulaire sont absolument
« contraires à la Constitution qui nous régit depuis
« les dernières élections générales, puisque la
« Constitution réserve de la manière la plus
« formelle une révision partielle ou TOTALE
« pour une époque déterminée et que M. le
« président de la République peut provoquer
« cette révision à l'instant même où il jugera
« nécessaire de le faire.

« J'ai donc le droit légal et indiscutable de
« CONSERVER TOUTES MES ESPÉRANCES
« ET DE LES EXPRIMER COMME PAR LE
« PASSÉ, à la seule condition d'attendre le
« moment où il deviendra possible de les réaliser,
« ce qui ne tardera peut-être pas.

« Une pareille revendication de ma part est
« même plus qu'un droit : elle est encore le
« premier de mes devoirs envers mon pays.

Voilà ce que j'écrivais à M. le garde des sceaux. J'attends maintenant la réponse que M. le ministre voudra bien me faire.

M. DE MARCÈRE, MINISTRE DE L'INTÉRIEUR. Lorsque la Constitution du 25 février a été votée, tout le monde était d'accord que l'on voulait fonder un gouvernement définitif. C'était le cri général dans le pays, et c'est pour y répondre que l'Assemblée nationale s'unit un jour, dans un effort de patriotisme, pour consacrer l'établissement d'un gouvernement définitif.

UN MEMBRE A DROITE. A une voix de majorité.

M. LE MINISTRE. Il est vrai qu'à cette époque on a introduit un article important, l'article 8, l'article de la révision.

Mais l'article 8 n'a pas la portée que l'honorable M. de Franclieu suppose.

L'interprétation de cet article 8 a été proposée en quelque sorte dans les élections au pays tout entier. (Vives réclamations à droite.) Et alors qu'est-il sorti de cette consultation générale ? — Il en est sorti la réponse que vous savez : c'est que le pays tout entier, à une grande majorité tout au moins, a approuvé la Constitution, l'a ratifiée dans le sens d'une Constitution définitive.

UN SÉNATEUR, *à droite.* Il l'a approuvée *parce que la clause de révision y était.*

UN AUTRE SÉNATEUR, *sur les mêmes bancs.* Ce n'est pas le pays qui fait les lois.

M. LE MINISTRE. Voilà le sens, je dirai historique, de l'article 8 de la Constitution.

M. LE PRÉSIDENT. Je fais observer au Sénat que, d'après les usages, lorsqu'il s'agit d'une question adressée à un ministre, une fois la question posée et la réponse donnée, l'incident doit être clos.

M. LE MARQUIS DE FRANCLIEU. Messieurs, je n'ai pas le droit de répondre ; je le regrette, car, je ne puis pas vous le dissimuler, j'ai été profondément surpris en entendant le langage de M. le ministre de l'intérieur.

VOIX NOMBREUSES, *sur les bancs de la droite.* Faites une interpellation !

M. LE MARQUIS DE FRANCLIEU. M. le ministre de l'intérieur a interprété l'article 8 de la Constitution *dans un sens qu'il est impossible d'admettre. Tout le monde sait, en effet, que cet ar-*

ticle a été présenté et voté pour obtenir le vote total de la Constitution.

S'il n'avait pas été concédé alors, à coup sûr elle n'aurait pas été acceptée par l'Assemblée nationale.

Je regrette de ne pas pouvoir m'étendre davantage. Je déposerai demain une interpellation.

M. PARIS. Messieurs, j'ai l'honneur de déposer sur le bureau une demande d'interpellation adressée au gouvernement sur l'interprétation donnée par M. le ministre de l'intérieur à l'article 8 de la Constitution.

VOIX NOMBREUSES, *à droite.* Très-bien ! trèsbien !

M. PARIS. Je prie le Sénat de vouloir bien fixer l'interpellation à mercredi prochain.

Le Sénat décide que l'interpellation aura lieu mercredi.

SÉANCE DU MERCREDI 24 MAI 1876.

INTERPELLATION.

M. PARIS, *ancien rapporteur des lois constitutionnelles.* L'article 8 de la Constitution est tellement précis, tellement clair qu'il ne se prête à aucune interprétation.

Lors de la discussion des lois constitutionnelles, nous fûmes tous d'accord dans la Commission sur le sens des mots *révision* TOTALE ou *partielle,* et c'est au nom de la Commission que je fis à l'Assemblée nationale la déclaration suivante, que je retrouve au compte-rendu de la séance :

« Oui, nous entendons formellement que les
« lois constitutionnelles, dans leur ensemble,
« pourront être modifiées MÊME EN CE QUI CON-
« CERNE LA FORME DU GOUVERNEMENT.
« *Il n'y a à cet égard aucune équivoque.* »

Aucune réclamation ne s'éleva dans l'Assemblée nationale, et l'ensemble de la Constitution fut voté, le 25 février, par 426 voix contre 254, *sans qu'aucune modification ait été apportée à l'article de la révision.*

Après avoir rappelé l'historique de la question, je me garderai bien d'examiner comment, dans la pratique, l'article 8 a pu être interprété par le gouvernement. J'ai dit qu'il était précisément en dehors de toute interprétation actuelle. A qui appartient le droit d'interpréter la Constitution ? — Aujourd'hui, à personne.

Si ce n'est ni au Sénat, ni à la Chambre des députés, *ce n'est pas non plus au gouvernement.* (Très-bien ! à droite.)

Lorsque l'époque où la révision sera permise arrivera, les Chambres examineront s'il y a lieu à réviser, et, si elles déclarent que tel est leur avis, elles se réuniront en Assemblée nationale. Cette Assemblée aura seule le droit de réviser et, par conséquent, d'interpréter, car le droit de révision est inséparable du droit d'interprétation.

Nous le reconnaissons, il appartient au gouvernement d'appliquer la Constitution dans sa vérité, *mais il n'appartient à aucun membre du gouvernement de se livrer à son interprétation.* (Très-bien! très-bien ! à droite.)

Quant au but que je me suis proposé, le voici :

En regard d'une interprétation qui avait sans doute dépassé la pensée de son auteur, *j'ai voulu rétablir un texte*, rappeler les faits et *maintenir intact un article sans lequel l'Assemblée n'aurait pas voté la loi constitutionnelle.* (Très-bien ! à droite.)

J'ai voulu sauvegarder l'avenir et ne pas permettre QUE L'ON ENTREPRENNE SUR UNE DES GARANTIES QUI ACCOMPAGNAIENT LA LOI CONSTITUTIONNELLE.

M. DUFAURE, *garde des sceaux.* Quelques-uns ont pu penser que la circulaire du 6 mai contenait une expression injurieuse contre les convictions de plusieurs de nos collègues dont l'honorable M. de Franclieu s'est fait l'organe.

Je tiens à dire que, lorsque la circulaire du ministre dont nous regrettons tous la perte a été rédigée, il n'a pas eu la moindre intention d'*aller atteindre dans le cœur de certains de nos collègues les* ESPÉRANCES QU'ILS CONSERVENT *sans recourir à des manifestations hostiles de nature à troubler la paix publique.*

Je vous prie de relire le paragraphe de la circulaire où se trouvent les mots «*espérances factieuses.*» Vous n'y trouverez que le développement des idées de notre programme, qui portait « que nous ne souffririons pas que les représentants à un degré quelconque du gouvernement de la République en fussent les détracteurs. » C'est là toute notre pensée.

Le ministre passe l'éponge sur le passé. Il reconnaît que, tant que le gouvernement n'était pas fixé, tant que la Constitution du 25 février n'avait pas été votée, il était possible AUX FONCTIONNAIRES *de conserver leurs opinions personnelles et d'en préparer le succès.* Mais, depuis le vote de la Constitution, il est impossible de conserver cette attitude.

Les «espérances factieuses» *sont celles que lés partis entretiendraient avec la connivence coupable des fonctionnaires.*

. . . .

Gardons-nous de donner un sens à l'article 8. M. Paris l'a dit avec raison, c'est le Sénat et la Chambre des députés réunis en Assemblée nationale *qui seuls auront ce pouvoir.*

Cette Assemblée nationale aura, seule, le droit d'interpréter la Constitution. Si vous vouliez vous l'attribuer, vous feriez une chose inutile et dangereuse.

En 1880, QUAND LA RÉVISION POURRA ÊTRE DEMANDÉE, quand le maréchal n'aura plus seul le droit de la provoquer, droit dont il n'est pas pressé d'user — il l'a dit dans une de ses proclamations, — le Sénat aura été renouvelé pour un quart. La Chambre des députés aura été renouvelée entièrement. Croyez-vous que ces deux Assemblées réunies s'inquiètent de l'avis qu'auront émis les Chambres actuelles ? Ne croyez- vous pas *qu'elles se décideront suivant que l'opinion publique qui sera alors dominante sera favorable à la continuation de l'état de choses actuel ou à* TOUTE AUTRE SOLUTION ?

Avant de descendre de cette tribune, je reviens

sur ce qui me tient le plus au cœur, et je dis à M. le marquis de Franclieu : *Respectons la fidélité, et, avec la fidélité, les regrets et les* ESPÉRANCES, *mais condamnons les conspirations.*

M. LE MARQUIS DE FRANCLIEU. M. le président du Conseil s'est adressé directement à moi. *Je déclare que je suis satisfait des explications qui ont été données par lui.*

L'ordre du jour pur et simple, *demandé par M. Paris*, fut adopté à l'unanimité.

Il est à remarquer que M. de Marcère, ministre de l'intérieur, qui, en se permettant d'interpréter, après M. Ricard, l'article 8 de la Constitution dans un sens absolument faux, avait amené l'interpellation Paris, ne prit aucune part à la discussion de cette interpellation : le jour où ce débat important vint au Sénat, M. de Marcère était allé présider un comice agricole à Arras.

Personne ne se trompa sur les motifs de cette absence : le conseil des ministres avait éloigné M. de Marcère afin d'éviter au cabinet tout entier un vote de blâme de la part du Sénat. Et M. Dufaure rectifia, en les élaguant de la discussion, les doctrines erronées de ce ministre républicain trop zélé et put tirer le gouvernement des embarras que lui avaient causés M. Ricard et son successeur à l'intérieur.

En conséquence aucun ministre ne se permettra plus désormais d'interpréter selon le moment et selon ses tendances particulières l'article 8 de la Constitution.

CE QUE DOIVENT FAIRE
LES ÉLECTEURS

Ainsi, cela est bien entendu, la Constitution qui nous régit est *révisable* EN TOUT ou en partie.

Comme l'a dit, au nom de la Commission des lois constitutionnelles, l'honorable rapporteur M. Paris, comme il l'a maintenu, depuis, dans le Sénat, comme l'ont affirmé successivement des ministres tels que MM. Buffet, Dufaure, Wadington, cette révision peut entraîner le CHANGEMENT *absolu de la forme du gouvernement*, c'est-à-dire la substitution de la monarchie à la République.

Je ne prétends pas que le droit de révision implique nécessairement ce changement, cette substitution. — Non, la pensée déposée dans l'article 8 est, évidemment, plus générale, et, en vertu de cet article, la révision s'applique aussi bien en faveur de la République qu'en faveur de la Royauté ou de l'Empire.

Mais ce qui est incontestable, c'est le droit de proclamer que la *révision* TOTALE est dans les prévisions de la loi, c'est le droit aussi pour chacun de poursuivre cette révision TOTALE dans le sens de ses vœux et de ses vues.

Ceci posé, quelle doit être *dès à présent* la règle de conduite des électeurs qui désirent la révision totale de la Constitution, c'est-à-dire la substitution d'une forme monarchique quelconque à la forme républicaine?

Examinons :

La Chambre des députés actuelle est élue pour quatre ans, c'est-à-dire que ses pouvoirs expireront en mars 1880. (Art. 15 de la loi électorale du 30 novembre 1875.)

Mais, en attendant, chaque vacance provenant de décès, démission ou autre cause doit être comblée dans les trois mois de sa date. (Art. 16 de la même loi.)

Enfin, les députés font partie, chacun dans leur département, du collége électoral qui nomme les sénateurs. (Art. 4 de la loi du 24 février 1875.)

Voilà pour la Chambre des députés.

Quant au Sénat, la partie amovible, composée de 225 sénateurs, est renouvelable par tiers tous les trois ans. (Art. 6 de la loi du 24 février 1875.) Il y aura donc en 1879 75 des sénateurs actuels qui devront être remplacés par 75 nouveaux élus (1).

Mais, en attendant, il peut y avoir à combler des vacances par décès, démission ou autrement : d'abord si le nombre des sénateurs d'un département se trouve réduit de moitié, il doit être pourvu au remplacement dans le délai de deux mois par le collége électoral du département (Art. 23 de la loi du 2 août et 7 de la loi du 24 février 1875); ensuite, en cas de vacance d'un siége

---

(1) Les départements où la représentation sénatoriale est tout entière à remplacer en 1879 sont les suivants : Haute-Garonne, Gers. Gironde. Hérault, Ile-et-Vilaine, Indre. Indre-et-Loire, Isère, Jura, Landes, Loir-et-Cher, Loire, Haute-Loire, Loire-Inférieure, Loiret, Lot, Lot-et-Garonne, Lozère, Maine-et-Loire, Manche, Marne, Haute-Marne, Mayenne, Meurthe-et-Moselle, Meuse, Morbihan, Nièvre, Nord Oise, province de Constantine, colonie de la Martinique.

de sénateur inamovible, il doit être, dans le
délai de deux mois, pourvu au remplacement
par le Sénat lui-même. (Art. 7 de la loi du
24 février 1875.)

Maintenant, considérons deux cas :

1°

A supposer que la période de la révision
ne s'ouvrirait qu'en novembre 1880, date de
l'expiration des pouvoirs du maréchal de
Mac-Mahon, les élections municipales, les
élections pour le Conseil d'arrondissement
et pour le Conseil général, les élections législatives et sénatoriales faites d'ici là peu-
vent-elles exercer une influence quelconque
sur le sens de cette révision de la Constitution ?

Oui, évidemment !

Les conseillers municipaux, d'abord, sont
appelés à nommer les délégués qui éliront
les sénateurs dans les départements où la
représentation sénatoriale se trouvera ré-
duite de moitié, et nul électeur ne sait si
demain son département ne sera pas dans
cette situation. De plus, dans les départements énumérés à la note, page 27, la représentation sénatoriale se trouvera tout
entière à remplacer en janvier 1879.

D'autre part, les conseillers d'arrondissement, les conseillers généraux et les députés sont, de droit, électeurs sénatoriaux.
Ils sont donc appelés à voter dans les cas
de vacances dont il est parlé à l'alinéa pré-
cédent ; et, comme la Chambre actuelle aura
encore une année à vivre en 1879, les députés
des trente-un départements indiqués à la
note, page 27, prendront part au vote pour
le renouvellement triennal du Sénat en 1879.

D'autre part encore, les sénateurs élus

par les départements votent dans le sein du Sénat pour le remplacement des inamovibles décédés ou démissionnaires.

Enfin, tous les sénateurs présents au Sénat en novembre 1880, soit qu'ils aient été élus dès demain, soit qu'ils proviennent du renouvellement de 1879, soit qu'ils aient remplacé après cette date des sénateurs décédés ou démissionnaires, prendront part aux délibérations relatives à la révision, à l'expiration des pouvoirs du maréchal de Mac-Mahon.

Nul électeur d'opinion monarchiste désireux de faire triompher son parti à l'époque de la révision — en allant toujours jusqu'à supposer qu'elle n'ait lieu qu'en novembre 1880 — ne peut donc se désintéresser, *même dès maintenant*, des élections municipales, cantonales ou législatives. Pour chacune de ces élections, ne fût-ce que pour l'élection d'un conseiller municipal, l'électeur monarchiste doit songer à l'éventualité de la révision, n'eût-elle lieu, je le répète, qu'en 1880, et il ne doit voter que pour des candidats monarchistes.

Car il ne faut pas oublier que les conseillers municipaux nomment les délégués qui forment la majorité du collége électoral chargé d'élire les sénateurs et qu'un Conseil municipal où la majorité serait républicaine nommerait un délégué républicain, lequel voterait pour un candidat sénatorial républicain.

Car il ne faut pas oublier non plus que les conseillers d'arrondissement, les conseillers généraux et les députés font partie du collége électoral sénatorial et que plus il y aura de républicains parmi eux, plus la balance penchera du côté du candidat sénatorial républicain.

Car il ne faut pas oublier encore qu'un sénateur républicain élu voterait, dans le sein du Sénat, pour un républicain, lors du remplacement des inamovibles décédés ou démissionnaires et contribuerait ainsi à augmenter dans la Chambre haute le contingent des républicains.

Car il ne faut pas oublier enfin que plus il y aura au Sénat, en novembre 1880, de membres d'opinion républicaine, quelle que soit la date de leur élection, quelle que soit, d'autre part, l'opinion qui dominera dans la nouvelle Chambre des députés, et plus la balance penchera, au Congrès des deux Assemblées, dans le sens d'une révision comme l'entendent la plupart des républicains, c'est-à-dire avec suppression du Sénat, droit de révocation à volonté du président de la République par la Chambre des députés devenue Convention nationale, avec Comité de salut public, Comité de sûreté générale, etc....., comme en 93.

En résumé, en supposant que la période de la révision ne doive s'ouvrir qu'en novembre 1880, tout électeur monarchiste doit considérer que tous ses élus, *même ceux de demain, même ceux d'aujourd'hui*, depuis le conseiller municipal jusqu'au sénateur, peuvent exercer une grande influence sur le sens de cette révision.

2°

Mais, légalement, la période de révision peut être ouverte bien avant l'expiration des pouvoirs du maréchal de Mac-Mahon :

Le maréchal est libre de provoquer cette révision quand il le voudra, avant 1880 (Art. 8 de la loi constitutionnelle, § 4. — Voir page 6)

Le maréchal de Mac-Mahon est libre de se démettre, avant 1880, de ses fonctions, et, dès lors, avant 1880, l'initiative du Sénat et de la Chambre des députés peut provoquer la révision des lois constitutionnelles. (Art. 8, § 2. — Voir page 6)

Enfin, le maréchal de Mac-Mahon peut mourir avant 1880, et, dès lors encore, avant 1880, l'initiative du Sénat et de la Chambre des députés peut provoquer la révision des lois constitutionnelles. (Id.)

Donc, à plus forte raison, les électeurs qui désirent que la révision légale ait une solution monarchique n'ont pas une minute à perdre, et, *dès aujourd'hui*, ils ne doivent jamais déposer dans l'urne d'un scrutin quelconque un bulletin se trouvant en contradiction avec leur vues révisionnistes.

* * *

Et, encore une fois, qu'ils ne perdent pas de vue ceci :

Ils ont pour eux la loi, le droit et les circulaires — je l'ai démontré péremptoirement plus haut, — et ils ne doivent se laisser influencer ni intimider par les hâbleries et les menaces des agents républicains et des orateurs de même farine.

La Constitution existe, elle est la loi du pays : il faut lui obéir. Mais, précisément, c'est encore lui obéir que de revendiquer résolument le droit de révision TOTALE, puisque l'article 8 prévoit justement cette révision TOTALE.

C'est donc aux citoyens qui, dans leur for intérieur, ne sont pas partisans du régime républicain à mettre en toute occasion, ET DÈS AUJOURD'HUI MÊME, leur crédit, leur influence, leur bulletin de vote au service des candidatures monarchistes, que ces candidatures aient pour objectif le Sénat, la Chambre des députés, le Conseil général, le Conseil d'arrondissement ou le simple Conseil municipal.

En résumé :

Obéissance aux pouvoirs créés par la Constitution.

Révision TOTALE, légale dans quatre années, possible avant cette époque.

Tels doivent être, DÈS AUJOURD'HUI, la règle de conduite et l'objectif de tout électeur monarchiste en face d'une candidature pour l'un quelconque des corps élus, depuis le Conseil municipal jusqu'au Sénat.

A. PONET.

La brochure le **Catéchisme du « Factieux »** est en vente à la *Bibliothèque conservatrice du Sud-Est*, rue Grenette, 37, à Lyon, où l'on peut se la procurer moyennant la somme de :

15 cent. l'exemplaire.
13 fr. le cent.
80 fr. le mille.
Hors de Lyon, le port en sus.